AUGUSTE COMTE.

LETTRES

À

RICHARD CONGREVE.

DISTRIBUTION GRATUITE.

LONDON, 1 Cæsar 101 (23 April, 1889).

Church of Humanity,
19, CHAPEL STREET,
LAMB'S CONDUIT STREET,
W.C.

LETTRES

D'AUGUSTE COMTE

à

RICHARD CONGREVE.

———

LONDON, 1 Cæsar 101 (23 April, 1889).

Church of Humanity,
    19, CHAPEL STREET,
        LAMB'S CONDUIT STREET,
           W.C.

I.

À M. Richard Congrève,   à Oxford.

Paris, le 22 Bichat 64 (Jeudi 23 Décembre 1852).

Mon cher Monsieur,

j'accomplirai volontiers, et sans aucun dérange-
ment, la petite commission qui m'a valu votre bonne
lettre de Lundi. Mais elle exige un éclaircissement
préalable, d'après une méprise résultée de notre heureuse
entrevue de Septembre. La libre disponibilité de mes
ouvrages comporte une exception passagère, qui, je crois,
importe beaucoup au cas actuel, quant à la première
édition de mon traité fondamental, le *Système de philosophie positive*. À la vérité, quoique cette édition initiale
ne m'appartienne point, je suis affranchi déjà de tout
engagement avec l'éditeur (Bachelier, 55, quai des Augus-
tins) ; en sorte que je pourrais, dès à présent, entreprendre une seconde édition, où, suivant mon régime
definitif, j'aurais soin de me garantir une complète
liberté, d'après l'heureuse pratique qui, suivant les principes positivistes, m'a fait solennellement renoncer à tout
profit matériel de mes livres quelconques. Mais cette
nouvelle édition n'existe pas encore, et je ne compte pas
même la diriger avant plusieurs années, vû l'urgence de
mes ouvrages actuels. On ne peut donc se procurer ma
Philosophie positive que chez le libraire ci-dessus indiqué,
qui tient l'ensemble de ces six volumes à un prix fort
élevé, ou plutôt arbitraire, d'après l'épuisement complet

du tome premier, que lui-même se procure seulement dans les ventes de livres. Si je desirais, pour mon propre compte, un exemplaire de ce traité, je ne serais pas moins embarrassé que le public. Toutefois, j'ai récemment usé de ma liberté pour autoriser une réimpression spéciale de ce premier volume, généreusement entreprise par un banquier positiviste. Mais cette opération, qui s'exécute en province, ne sera complète que dans quelques mois. Alors on obtiendra l'ouvrage total à l'ancien prix normal de *cinquante francs*, tandis que maintenant, quand on peut l'avoir, on le paie 80^f ou 90^f. Jusque là, Bachelier vend séparément chaque volume (sauf le premier), au taux de *huit francs*. Le tome deuxième paraît devoir tomber bientôt dans le même cas que l'autre : mais on est déjà convenu d'appliquer le même remède. J'insiste sur ces détails, parce que je crois, d'après votre lettre, que votre ami desire surtout acquérir ma *Philosophie positive*, que je ne puis aucunement lui procurer maintenant. S'il veut, au contraire, avoir d'abord les deux volumes déjà publiés (en Juillet 1851 et Mai 1852) de ma *Politique positive* et mon *Catéchisme positiviste* publié il y a deux mois, vous n'avez qu'à m'en informer, et je m'empresserai de vous les transmettre par l'intermédiaire que vous m'indiquez.

L'explication que vous voulez bien me demander sur la déplorable exception que nous subissons maintenant peut se réduire au simple prolongement de notre entretien de Septembre. Car, au fond, la situation républicaine de

la France n'a pas réellement changé : sa suspension
actuelle reste purement officielle. Un dictateur tyran-
nique s'y trouve simplement transformé en un ridicule
personnage de théâtre, le vrai *mamamouchi* de Molière.
Il se croit, et on le croit *légalement*, devenu inviolable et
héréditaire, d'après la décision des paysans français, qui
pourraient, avec autant d'efficacité, lui voter deux cents
ans de vie ou l'exemption de la goutte. Mais les affaires
humaines ne se conduisent point selon de tels caprices :
les lois qui les dirigent ont, depuis long tems, détruit à
jamais la royauté française, où s'était condensée toute la
rétrogradation moderne. Cette irrévocable abolition fut
réellement accomplie le 10 Août 1792, après un siècle de
putréfaction croissante, qui l'annonçait de loin, sans que
cet arrêt historique ait ensuite été revoqué, malgré les
fictions officielles, puisqu'aucun de nos dictateurs successifs
ne fut héréditaire ni même inviolable, en dépit de ses
prétentions légales. La parodie actuelle constitue la plus
vaine et la moins durable de ces illusions monarchiques.
Aussi personne ne la prend au sérieux. Hors du monde
officiel, on ne peut prononcer sans rire le titre d'*Empereur*:
cet *empire* sans victoires est encore plus du ressort du
Charivari que ne l'était auparavant notre *montagne* sans
échafauds. Je viens d'écrire au digne tzar Nicolas une
longue lettre, qui sera publiée, vers le milieu de 1853,
dans la Préface du tome troisième de ma *Politique positive*,
dont j'envoie à cet homme d'état les deux premiers volumes avec le *Catéchisme Positiviste*. Pour lui donner

brièvement une juste idée de la situation française, je me suis trouvé conduit à insérer, dans cette lettre, le petit *itinéraire* de notre empirisme républicain, que j'eus le plaisir de vous montrer en Septembre, et qui ne tenait aucun compte de l'*Empire*, en tant que rédigé le 17 Juin. Or, la seule modification que j'aie cru devoir indiquer au tzar sur cet incident se reduit à cette petite note envers la crise prévue comme devant concilier la dictature avec la liberté : " Le vain épisode qui s'accomplit en ce moment "sous un rétrograde démagogue doit plutôt hâter que " retarder cette quatrième crise, en augmentant ses motifs "et diminuant ses obstacles." En effet, cet *empire* de trois semaines paraît déjà vieux, parce que son chef était préalablement jugé d'après une dictature irré-cusable. S'il avait pu supplanter Louis-Philippe dans les audacieuses tentatives de Strasbourg ou de Boulogne, le public français lui aurait certainement accordé quelques années de libre épreuve impériale ; car alors il était encore vierge, et pouvait être pris à l'essai comme l'autre. Même l'an dernier, il aurait encore pu devenir, pour quelque tems, un *empereur* sérieux, s'il eût osé remplacer ainsi le régime parlementaire, parce que le cas était analogue, aux yeux des hommes impartiaux, qui sentaient combien son pouvoir antérieur était annullé par l'assem-blée anarchique. Aujourd'hui, rien de semblable. Il arrive à trôner après avoir constaté son insuffisance politique et son caractère irrévocablement rétrograde d'après une année de pleine dictature, que lui-même ne peut jamais désavouer comme incomplète. Cet avénement présente d'ailleurs le contraste décisif d'un changement, légalement censé fort grave, auquel on n'applique aucun motif sérieux : c'est une simple fantaisie, personnelle, ou tout au plus nationale, qui détermine la transformation de la république en monarchie, c'est à dire la plus grande de toutes les modifications politiques, si elle était réelle. L'ordre n'est aucunement invoqué pour l'appuyer, et jamais il ne pourrait l'être sans condamner la dictature antérieure. Aussi ceux-là même qui l'exploitent montrent, par leur empressement à piller la France, combien ils sentent la fragilité de cette sorte de *cent-jours* en sens contraire. Le protocole officiel indique déjà la fausseté d'une situation sans motifs, où l'autorité tâche de s'étayer entre Dieu et le Peuple, suivant la ridicule devise de Mazzini, malgré l'impuissance de l'un des appuis et la fluctuation de l'autre. Il n'existe d'ailleurs aucun intérêt collectif qui soit sérieusement lié à cette *mamamouchade*, pas seulement au degré d'adhésion qu'avait obtenu Louis-Philippe. Ce *régime* est trop rétrograde pour convenir aux prolétaires, surtout urbains, et trop démagogique pour plaire aux riches, qui craignent qu'on ne veuille se populariser à leurs dépends. Quant au respect, on sent ce qu'il peut être d'après la source d'un pouvoir résulté de suffrages, méprisables pour la plupart d'après leur incompétence mentale et morale, et même méprisés, sauf l'admiration de chaque votant envers son propre vote, laquelle ne l'empêche point de déplorer l'incapacité ou l'indignité des autres suffragans. La force matérielle qui l'appuie seule commence à sentir sa fausse position sociale. Auparavant, elle pouvait se regarder comme assurant l'ordre ; maintenant elle n'est qu'au service d'un personnage discrédité, et devient une escorte théâtrale. Car le renversement d'un tel régime n'entraine plus aucune crainte sérieuse et générale d'anarchie politique. L'alternative de l'an dernier n'existe plus. Entre l'*empire* et la *démagogie* rouge, ce personnage a lui-même tracé d'avance le véritable intermédiaire, la *dictature républicaine*, devenue seulement progressive au lieu d'être rétrograde, sous un autre chef, en respectant la pleine liberté d'exposition et de discussion. De plus, une telle domination suspend spontanément les dissidences profondes qui séparent entr'eux les divers genres de républicains, tous ainsi ralliés contre une même oppression. Or, leur nombre est aujourd'hui devenu beaucoup plus grand qu'il ne le fut sous la Convention. Les quatre dernières années ont irrévocablement détruit le prestige qui soutint les rétrogradateurs antérieurs, en prouvant que la république pouvait prévaloir ici sans guillotinades, et qu'elle comportait même en faveur de l'ordre des mesures plus énergiques que la monarchie, par cela même qu'elle garantit le progrès. Cet épisode ne peut donc durer que le tems nécessaire pour stimuler et rallier les diverses influences qui doivent concourir à sa terminaison nécessairement violente. Un tel dénouement est trop prochain pour que le positivisme y puisse intervenir, autrement qu'en le prévoyant, quelque favorable que soit à notre avénement politique une situation qui nous représente comme les seuls républicains véritables, dans un pays où la révolution se résume par la république, comme la contre-révolution par la royauté. Depuis que la démagogie aboutit à la rétrogradation, nul ne peut soutenir comme républicaines les doctrines métaphysiques que le positivisme a toujours combattues radicalement sur la souveraineté du peuple et l'égalité, qui maintenant conduisent au *mamamouchat*. Nous qui proclamons l'évolution sociale régie par des lois immuables, indépendantes de toutes volontés, tant humaines que divines, nous devenons donc les seuls défenseurs systématiques de la république, à laquelle un sentiment indestructible attache de plus en plus la population dirigeante. Mais notre nombre est encore trop petit pour que nous puissions aucunement diriger le prochain ébranlement, qui continuera donc à dépendre des républicains empiriques, auxquels nous en devons, nous simples spectateurs, laisser les bénéfices et les charges, en nous contentant de participer au profit universel résulté de la liberté d'exposition dont nous saurons, j'espère, nous servir dignement. Toutefois, nous pouvons aujourd'hui modifier heureusement ce nouveau mouvement politique, en nous efforçant d'améliorer l'empirisme républicain, de manière à le rendre moins anarchique, et dès lors mieux acceptable. J'ai surtout conseillé de modifier l'ancienne devise (que M. Bonaparte n'a pas remplacée, malgré son memorable adage : *on ne détruit que ce qu'on remplace*), en y supprimant l'*égalité*, qui toujours caractérisa le mauvais esprit révolutionnaire. Si la bannière républicaine reparaît avec la seule inscription *Liberté et Fraternité*, la bourgeoisie sera déjà rassurée, et la portée d'un tel changement éliminera bientôt les révolutionnaires vraiment indisciplinables, les *rouges* de Londres et de Bruxelles, seuls assez arriérés désormais pour tenir encore au suffrage universel après son aboutissant mamamouchique. D'après ces indications sommaires, que ma plume vous esquisse en courant, j'espère que vous concevrez combien, loin d'être aucunement découragé par la présente situation, quelque honteuse qu'elle soit, je la regarde comme la plus favorable qui se soit jusqu'ici présentée pour hâter l'avénement politique du positivisme, ainsi devenu clairement l'unique ressource de la révolution française. La même confiance inspire les jeunes disciples ou adhérents qui m'entourent, et parmi lesquels j'ai la satisfaction de ne voir aucun affaissement. Il n'y a de découragement sérieux que chez ceux qui, comme M. Littré surtout, se séparèrent de nous l'an dernier envers la dictature, d'après l'inconséquence qui les empêcha d'apprécier cette abolition du régime parlementaire comme le premier acheminement réel à la dictature positiviste.

Salut et Fraternité

AUGUSTE COMTE

(10, rue *Monsieur-le-Prince*.)

II.

Paris, le Jeudi 6 Homère 65 (3 Février 1853).

Mon cher Monsieur,

ayant reçu, l'avant-dernier Dimanche, votre
lettre du 19 Janvier, j'écrivis, le lendemain, à M. Hector
Bossange, pour m'assurer s'il consentait spécialement à
la transmission proposée. D'après sa gracieuse réponse,
je lui fis apporter, le Dimanche suivant 2 Homère,
le paquet de livres dont voici la liste et le prix. Quant
aux frais de transport, de douane, et de commission, il
m'avait annoncé que cela regarderait seulement le libraire
d'Oxford, qui serait ensuite remboursé par vous.

Ma pleine confiance dans votre élévation mentale et
morale me garantissait d'avance l'heureuse efficacité des
explications spéciales que je me félicite de vous avoir
envoyées sur la présente situation de notre république.
Elle est tellement favorable au positivisme que ce sera la
faute de mes disciples, théoriques ou pratiques, s'ils ne
deviennent pas, avant dix ans, les dignes chefs, même
temporels, de la France, au nom commun de l'ordre et
du progrès. Les républicains français, qui pourtant sont
au moins dix fois plus nombreux qu'en 1793, n'ont plus
de ressource systématique qu'en nos doctrines, depuis
que les dogmes révolutionnaires viennent aboutir au
mamamouchat. D'un autre côté, les vrais conservateurs

sentent maintenant que la rétrogradation peut très bien se concilier avec l'anarchie, et que la démagogie mama-mouchique pourrait faire, à leurs dépends, un appel officiel aux plus mauvaises passions des pauvres contre les riches. . Ce double courant de tendances sociales pousse partout au positivisme, où les *lois* immuables deviennent seules une garantie décisive contre toutes les *volontés* arbitraires, tant humaines que divines. Le mariage de dépit qui vient de s'accomplir fournit à tous l'occasion de sentir le poids irrésistible des conditions naturelles, qui ne rendirent jamais accessible qu'aux personnages royaux la royauté, dernier vestige du régime des castes. C'est ici comme dans le fameux précepte de la *Cuisinière bourgeoise* ingénieusement rappellé par Louis XVIII à propos de certains anoblissements : " pour " faire un civet de lièvre, ayez d'abord un lièvre, &c."

Malgré toutes les tendances essentielles de la situation française vers le positivisme, nous sommes encore si peu nombreux, et la prochaine crise est si voisine qu'elle doit s'accomplir sans notre participation, sous l'impulsion habituelle des républicains empiriques. C'est la dernière fois que nous continuerons d'être simples spectateurs, avec la seule perspective de profiter mieux que personne du commun bénéfice de la pleine liberté d'exposition et de discussion, ainsi combinée avec la dictature. Toutefois, nous avons le tems et la faculté d'améliorer notablement les dispositions actuelles des vrais républicains de senti-ments, sans tenter encore de les rendre positivistes. Ce progrès politique, que nous seuls pouvons diriger aujourd'hui, consiste surtout : 1º. à supprimer le terme anarchique dans la devise républicaine, qui, réduite à la formule *Liberté et Fraternité*, peut très bien suffire provisoirement, jusqu'à l'avénement de la devise finale *Ordre et Progrès*, laquelle ne serait point assez appréciée maintenant ; 2º. à ratifier l'abolition du régime parlementaire et la prépondérance définitive du principe de la dictature sous les conditions convenables. On peut condenser ces deux pas connexes dans l'opposition, désormais usuelle, du titre de *républicain* à celui de *révolutionnaire*, afin de substituer irrévocablement le positif au négatif. Tout cela se trouve assez préparé spontanément, surtout chez les prolétaires parisiens, seuls importants à convaincre, pour que le positivisme puisse le réaliser suffisamment avant la fin de la présente année.

Je suis heureux d'apprendre, par votre lettre, qu'une femme s'occupe dignement, sous vos auspices, du *Catéchisme Positiviste*. C'est de telles conversions que dépend désormais le principal avénement du positivisme. Si celle-là s'accomplit, je sens d'avance combien vous l'aurez facilitée, quoique je vous connaisse assez sage pour ne pas vouloir y dispenser de la spontanéité, seule garantie d'un succès durable.

Salut et Fraternité

Auguste COMTE

(10, rue *Monsieur-le-Prince.*)

III.

Paris, le Jeudi 20 Homère 65 (17 Février 1853).

Mon cher Monsieur,

j'ai reçu, hier et Samedi, dans vos deux lettres des 13 et 10 Février, les deux moitiés de votre billet de 5 livres sterling, en admirant le simple artifice par lequel la prudence anglaise permet au papier-monnaie de voyager avec plus de sécurité. Voici le *Reçu* qui correspond à la partie ainsi réalisée de votre co-opération au subside sacerdotal en 1853.

C'est avec une heureuse surprise que j'apprends le motif essentiel de votre précieuse adhésion au positivisme. Vous m'offrez ainsi la première exception décisive sur l'origine exclusivement intellectuelle des sympathies qu'il obtient en Angleterre. Mais le développement de la situation moderne rendra ce cas fort commun dans quelques années, en vous laissant toutefois l'honneur de cette initiative sociale, spécialement méritoire chez un théoricien, surtout d'Oxford. Néanmoins, la remarque de ma circulaire n'est que trop vraie, comme le témoignent entr'autres M. John S. Mill, Molesworth, Grote, parmi les esprits distingués dont les sympathies positivistes demeurent jusqu'ici stériles, faute de s'étendre de la philosophie à la politique, et finalement à la religion.

Un mot de cet éclaircissement m'autorise à présumer

que votre lacune *actuelle* envers l'instruction mathématique ne sera point définitive. Quoique j'ignore votre
âge, il me semble permettre encore à votre judicieuse
intelligence, animée d'un noble cœur, et soutenue par un
caractère ferme, de faire à tems une acquisition qui prend
une importance croissante. Même quand vous ne devriez
pas servir l'Humanité comme théoricien, cette préparation
encyclopédique vous conduirait à mieux figurer parmi les
éminentes influences dont votre pays aura bientôt besoin
pour contenir dignement l'irruption anarchique et la
transformer en énergie régénératrice.

Salut et Fraternité

AUGUSTE COMTE

(10, rue *Monsieur-le-Prince.*)

IV.

Paris, le Dimanche 7 Homère 67.

Mon cher Monsieur Congrève,

votre demi-billet de cinq livres sterling m'étant
exactement parvenu dans votre bonne lettre d'avant-hier,
j'attends l'autre moitié pour vous envoyer le reçu de votre
cotisation au subside positiviste de 1854.

Je suis heureux d'apprendre que l'on commence chez
vous à blâmer la dégénération offensive d'une guerre
dignement entreprise contre la guerre. La préface,
écrite en Juillet, de mon quatrième volume, contient, à

cet égard, des conseils où mes craintes sont expliquées sous forme d'espérances. Après l'évacuation du territoire ottoman, il fallait prendre une attitude de précaution, par le blocus de la Mer Noire et l'hivernage en Bulgarie, en renonçant d'ailleurs au ridicule projet sur la Baltique. Ce qu'on aurait de mieux à faire maintenant, ce serait d'en venir là, d'après une sage levée du siége de Sebastopol, au risque d'une honte justement méritée par la déviation. Il est étrange de vouloir constituer une situation normale en un tems où toutes les idées sont flottantes ; en sorte qu'il faut se borner, dans les relations extérieures, à maintenir le statu quo jusqu'à ce que l'anarchie intérieure soit assez dissipée. Quoique l'empire russe doive certainement se décomposer, ce n'est point à des puissances assujetties à la même destinée qu'il appartient de hâter l'accomplissement spontané de la loi sociologique qui tend à dissoudre nos monstrueuses nationalités. Si le tzar voulait recriminer, il pourrait autant prétendre à délivrer les provençaux du joug des parisiens, en représentant comme oppressive l'homogénéite mensongère que l'on proclame officiellement entre les gascons et les normands.

Le but de l'expédition occidentale se trouve déjà réalisé, puisque l'indépendance turque est préservée pour toujours, et le prestige russe irrévocablement dissipé. Toute prolongation de cette guerre est devenue radicalement vicieuse. Elle n'aboutit maintenant qu'à confirmer une fois de plus la loi que, depuis soixante ans, les événements ont tant manifestée : la défense est seule désormais susceptible de succès. Il n'existe plus, sur le globe, aucune grande population qui soit vraiment guerrière. Sous tous les aspects, la politique extérieure du positivisme se trouve pleinement confirmée par les événements.

Ici, cette expédition n'est qu'une guerre de raison, dont tout le monde commence à se lasser, de manière à constater l'extinction décisive des inclinations militaires. La bourgeoisie y redoute les dépenses militaires et les perturbations industrielles, tandis que le prolétariat craint d'y voir suspendre ou troubler, par l'essor extérieur, la régénération intérieure, qui constitue sa principale sollicitude. Je ne crois pas que notre dictateur tienne à prolonger une situation qui ne peut s'aggraver sans compromettre radicalement son autorité. Déjà les masses passives commencent à manifester les tristes symptômes qui caractérisèrent l'aversion de la guerre pendant les dernières années de l'empire. On félicite les mères qui n'ont que des filles, et l'on projette des mariages précoces afin d'éluder la conscription. Quant à l'intérêt, d'ailleurs essentiellement factice, qu'inspire la nationalité polonaise, il ne suffirait point pour populariser une lutte grave et prolongée. Au fond, la France n'agit là que par déférence envers l'Angleterre, dont le faible gouvernement se laisse entraîner d'après une vicieuse opinion publique, plus apparente que réelle, qu'un Cromwell saurait braver.

D'après la fin de votre lettre, je vois que l'intime liaison

B

des deux puissances tend à produire une réaction salutaire en accélérant le discrédit spontané du régime parlementaire et l'avénement naturel du principe dictatorial. Un tel contact doit montrer à vos empiriques que l'irrévocable établissement de la dictature n'a nullement dégradé les français, qui, malgré les déclamations de vos journaux, n'ont aucunement cessé de tendre vers la terminaison de la révolution occidentale, dont l'ensemble du passé leur assigne l'inaltérable initiative. En dissipant les préventions mutuelles, cette fraternité poussera davantage les anglais à nous imiter que les français à vous admirer.

Tout à vous

Auguste COMTE

(10, rue *Monsieur-le-Prince.*)

P.S. Ma récente circulaire, que je joins ici, vous serait plus tôt arrivée, si j'avais su votre adresse. L'ayant envoyée, sans aucune lettre, à Sir Erskine Perry, j'espère que cet avis indirect lui rappellera son engagement spontané de 1853.

Puisque vous résidez maintenant à Londres, je vous invite à faire connaissance avec M. Williamson, professeur de chimie (University college, London). Après avoir été l'un de mes meilleurs élèves en mathématique, il est devenu l'un de mes principaux disciples. Les positivistes complets sont tellement rares à Londres, que ce contact sera, j'espère, agréable, et peut-être salutaire, des deux côtés.

V.

À M. Richard Congrève,   à Wandsworth.

Paris, le Mardi 9 Descartes 67 (16 Octobre 1855).

Mon cher Monsieur Congrève,

vous savez que je regarde le mode normal de distribution des livres comme consistant à les donner aux lecteurs capables d'en profiter, en ne considérant aujourd'hui la vente que comme destinée surtout à couvrir les frais d'impression. Mais il est souvent difficile de discerner ceux qui méritent de tels envois, et de se mettre en contact avec eux. Cette destination et cet embarras conviennent spécialement à l'opuscule que j'ai récemment publié, sous le titre d'*Appel aux conservateurs*, pour faire sommairement connaître le positivisme aux hommes d'état de tous les partis ; en leur indiquant l'aptitude directe de la synthèse universelle à systématiser dignement la politique actuelle, où leur empirisme se montre de plus en plus insuffisant.

Quand vous aurez lu ce petit écrit, j'espère que vous pourrez m'indiquer les noms et domiciles de tous ceux que vous jugerez, en Angleterre, mériter que je le leur envoie. Outre les hommes d'état proprement dits, je voudrais en gratifier les dignes membres de l'aristocratie britannique qui, soit comme catholiques ou comme torys, gardent une attitude politiquement passive, mais en développant une noble activité de chefs agricoles dans les vastes domaines sur lesquels ils résident. Si vous êtes en mesure de me procurer ces renseignements, je vous prie de me les transmettre aussitôt que vous aurez pu les recueillir avec maturité.

Tout à vous

Auguste COMTE

(10, rue *Monsieur-le-Prince.*)

VI.

À M. Richard Congreve, à Wandsworth.

Paris, le Vendredi 25 Moïse 68.

Mon cher Monsieur,

voici le reçu correspondant au mandat inclus dans votre lettre du 15, qui m'est seulement parvenue le 19. Je vous remercie de la confiance avec laquelle vous m'avouez la nécessité de réduire un peu votre contribution au subside positiviste. Cela me confirme votre disposition à regarder ce concours comme ayant irrévocablement pris place parmi vos devoirs réguliers, suivant la solide nature de vos convictions, plus pratiques que théoriques. La réduction m'indique d'ailleurs que vous n'avez pas fait un mariage d'argent, ce qui constitue, de nos jours, un rare mérite, surtout en Angleterre. D'ailleurs, vous restez encore le principal souscripteur du royaume-*uni* de la Grande-Bretagne et de l'Irlande !

Ma nouvelle circulaire, maintenant sous presse, vous apprendra l'insuffisance actuelle du subside ; elle traite directement de cette institution, dont la destination, collective et non personnelle, reste mal appréciée jusqu'ici, surtout dans le pays des souscriptions. Si vous pensez, après l'avoir lue, qu'elle peut ranimer le zèle de vos positivistes *intellectuels*, je vous en ferai parvenir quelques exemplaires pour la propagande, maintenant qu'une convention postale vient, m'a-t-on dit, de me permettre d'envoyer à Londres aussi facilement qu'à Berlin, Turin, ou Madrid.

Je vous remercie de vos franches explications sur les envois britanniques de mon *Appel aux conservateurs*. Peut-être ai-je trop bien présumé de votre aristocratie en la croyant capable de régénérer sa politique avant que John Bull ait orageusement secoué la torpeur anglicane. Il faut pourtant avoir aujourd'hui bien peu de portée pour conserver l'illusion officielle que l'Angleterre se trouve préservée de l'agitation occidentale parce qu'elle a fait sa révolution un siècle avant la France. Si cet aveuglement persiste chez vos dandys politiques, le Cromwell prolétaire qui peut seul vous sauver ne surgira qu'après d'horribles orages. C'est ce que je commence à craindre, en reconnaissant que les aventuriers politiques qui prévalent en France depuis Mazarin sont, à tout prendre, supérieurs aux hommes d'état de caste dont l'Angleterre semble pourvue.

Un volume important, qui me semble convenir à votre

nature comme à vos convictions, pourrait cependant ouvrir à tems les yeux de vos meneurs officiels, avant la fin des douze ou quinze ans de suffisante tranquillité sur lesquels vous pouvez encore compter. Il consisterait en une Histoire *positiviste* de la vraie révolution anglaise, où l'on montrerait que la régénération républicaine, avortée sous Cromwell par l'insuffisance de la doctrine et la précocité de la situation, s'est réellement prolongée dans la révolution française, qui va maintenant l'accomplir sous la religion universelle. Ma philosophie de l'histoire vous est, je crois, assez familière, pour que vous en puissiez dignement exécuter une telle application, qui pourrait exercer une heureuse influence sur les hommes vraiment avancés des deux pays. Toutefois, j'ignore si votre position vous laisse le degré d'indépendance qu'exigerait un tel travail, auquel un in-8^0 de 600 pages me semblerait pouvoir suffire, de manière à pouvoir être, sans précipitation, publié dans l'année 1859. C'est l'un de ces nombreux épisodes que ma principale carrière me conduit à concevoir, quoiqu'elle m'empêche de les exécuter, puisque je vais commencer Vendredi prochain 1er Février mon volume promis pour Octobre de *Logique positive* ou *Philosophie mathématique*, qui formera la première partie de ma *Synthèse subjective*, ma troisème et dernière construction, non moins étendue que ma *Politique positive* ou ma *Philosophie positive*.

Les ouvertures que vous m'indiquez pour l'envoi de mon *Appel* me conviennent davantage que vous ne l'avez espéré. Si vous pouviez vous charger des distributions britanniques, je me bornerais à vous envoyer le nombre d'exemplaires que vous m'indiqueriez, y compris les trois lords que vous me signalez. Autrement, je ferais d'ici les envois, en y plaçant, d'après votre liste, les suscriptions et domiciles.

Dans le cours du mois d'Août dernier, j'eus la visite d'un de vos principaux agitateurs, M. Holyoake (147, Fleet Street), qui me proposa de traduire séparément en anglais le tome 3me de ma *Politique*, sous son titre propre de *Philosophie de l'histoire*, afin de rompre la conspiration du silence organisée contre la religion positive par mes prôneurs philosophiques, John Mill, Lewes, &c. Une lettre importante que j'écrivis ensuite à ce personnage sur ce projet est restée sans aucune réponse, même pendant son entrevue à Manchester avec mon excellent disciple M. John Fisher de cette ville. Je vous serais fort obligé si vous pouviez voir, en mon nom, M. Holyoake, pour savoir s'il veut réellement entreprendre cette opération, que je pourrais, à son défaut, confier à d'autres auxiliaires, moins absorbés par les menées démagogiques du chef des *sécularistes*.

Tout à vous

Auguste COMTE

(10, rue *Monsieur-le-Prince*.)

VII.

À M. RICHARD CONGREVE,   à Wandsworth.

Paris, le Jeudi 24 Saint-Paul 68 (12 Juin 1856).

Mon cher Monsieur Congreve,

j'ai reçu Lundi votre bonne, quoique tardive, lettre du 2 Juin, et les deux volumes qui l'accompagnaient. L'un ne peut guère me servir, parce que, Bonaparte n'ayant encore rétrogradé que jusqu'au latin quand je fis mes classes, je ne sais pas le grec, ce que j'ai trop tard regretté. Mais, en vous remerciant de ce double hommage, je me réserve de lire, par exception à mon régime cérébral, votre opuscule historique, aussitôt que j'aurai fini le volume auquel je travaille sans relâche depuis le 1er Février, et que ma dernière circulaire a promis pour Octobre.

Régénérant l'ensemble des études mathématiques, il doit spécialement intéresser la jeunesse avancée dont vous me parlez, et qui se trouve mieux dégagée chez vous qu'ici des prejugés théoriques, sinon classiques, du moins académiques. Quoique les vrais positivistes soient encore rares en Angleterre, j'espère qu'ils ne tarderont pas à s'y multiplier, sous l'impulsion renaissante des aspirations progressistes, suspendues pendant l'épisode militaire résulté de l'incident russe. Vous avez déjà cessé d'être le principal souscripteur britannique, par suite d'une souscription de cinq guinées récemment venue d'Edinburgh.

D'après les dispositions que vous me témoignez envers le projet d'ouvrage que je vous avais dernièrement indiqué, je puis espérer que vous saurez finalement entreprendre un travail très opportun auquel vous me semblez fort apte, suivant une appréciation personnelle où je dois être plus compétent que vous. Il est grand temps que les vrais positivistes, sortant de leur inertie, s'élèvent à la mission résultée de la situation actuelle de leur doctrine au milieu des anarchistes et rétrogrades qui se disputent le pouvoir occidental. Leur foi, maintenant complète, leur permet d'offrir des solutions décisives et concordantes sur toutes les questions de passé, d'avenir, et même de présent, qui peuvent jamais surgir, en développant toujours le caractère que j'ai récemment résumé par ce vers systématique :

Conciliant en fait, inflexible en principe.

C'est donc à nous qu'il appartient de saisir partout la direction générale de l'opinion publique, en n'oubliant jamais que la présidence se caractérise par l'initiative, maintenant abandonnée à des écrivains non moins incapables qu'indignes de l'ascendant spirituel. Nous devons, même en France, renoncer à toute prétention immédiate au pouvoir politique, qui doit finalement être transmis à nos hommes d'état, par le libre choix des gouvernements que l'expérience aura suffisamment disposés à reconnaître que le positivisme peut seul surmonter le communisme. Ainsi devenue purement spirituelle pour une douzaine d'années, notre intervention doit bientôt plaire aux chefs actuels, en détournant de l'agitation politique pour régénérer les opinions et les mœurs, et disposant à conserver les dominateurs quelconques, qui ne sauraient accueillir des conseils d'avenir qu'en ayant sécurité sur leur présente autorité. L'élévation et la liberté de notre attitude doivent aussi nous attirer le respect et l'affection des gouvernés, qui nous verront bientôt comme seuls capables de poser, d'examiner, et de résoudre les questions vraiment sociales, toujours incompatibles avec les luttes révolutionnaires. Purs d'ambition temporelle, nous aurons promptement obtenu l'indépendance qu'exige notre ascendant spirituel, qui peut beaucoup grandir sans que nous soyons très nombreux, pourvu que notre zèle et notre union soient au niveau de notre foi.

Le privilége de liberté, qui d'abord semblait restreint à mes volumes, a maintenant atteint mes brochures, et même ces *Circulaires* où j'ouvre chaque année en proclamant la République Occidentale sous le timbre impérial, qui protége leur transport légal. D'après l'opuscule de M. de Constant, et ne fût-ce que par son audacieuse épigraphe, l'expérience a déjà constaté que ce privilége, fondé sur nos garanties d'ordre, ne m'est pas personnel, et s'étend à tous les vrais positivistes, plus redoutés des révolutionnaires que des rétrogrades. Il ne nous manque réellement qu'une plus grande liberté d'exposition orale, qui, sans nous être indispensable, seconderait notre influence, et je crois que nous l'obtiendrons, même en France, si nous savons dignement développer notre attitude normale. J'ai récemment déclaré, dans une réunion réligieuse, que je ne ferais plus aucun cours .proprement dit, ne devant désormais prendre la parole en public que comme prêtre de l'Humanité, dans le Panthéon que j'ai déjà demandé, d'après mon aptitude exclusive à réaliser le culte des grands hommes, pour lequel ce temple fut solennellement institué. Mais tous mes dignes disciples peuvent et doivent faire les leçons publiques dont je dois maintenant m'abstenir, et pour lesquelles je m'efforçerai de leur faire accorder la liberté suffisante, qui d'ailleurs existe déjà chez vous, du moins à l'usage des hommes assez indépendants.

Nous devons spécialement absorber les questions internationales, où nos principes seront mieux accueillis que dans les affaires intérieures, en pouvant même espérer l'adhésion de quelques gouvernements, envers un ordre de relations plus troublé qu'aucun autre, et par lequel a commencé la revolution occidentale, après que la papauté fut politiquement annullée. La disposition, qui doit nous caractériser, à tout obtenir en modifiant les opinions et les mœurs d'après la conviction et la persuasion, devient surtout frappante envers des problèmes que l'on est généralement accoutumé, depuis cinq siècles, à traiter par la violence, illégale ou légale. D'après le sentiment, récemment stimulé, du besoin de consolider et développer les liens occidentaux, ce genre d'appel à l'opinion publique est devenu spécialement opportun.

Voilà comment je me suis trouvé conduit à placer à

l'ordre du jour occidental, pour installer la diplomatie positiviste, la paisible restitution de Gibraltar à l'Espagne, que les positivistes anglais doivent dignement demander, sans attendre l'initiative du journalisme ou du parlement, ni les réclamations espagnoles. Prolongée depuis un siècle et demi, cette usurpation n'est pas plus excusable que celle de Calais, qui, quoique ayant duré deux siècles, ne trouverait pas un seul apologiste aujourd'hui. Mais une telle question ne peut être dignement introduite que par des positivistes britanniques, afin de mieux caractériser la solution libre et pacifique qui doit seule lui convenir. Le sacrifice matériel étant ici minime, le profit moral d'une telle réformation n'en serait que mieux appréciable, et ferait bientôt surgir de la même doctrine des applications plus décisives mais plus difficiles, surtout en fesant appel au public germanique pour faire paisiblement cesser l'oppression de l'Italie par l'Autriche. En morale, comme en logique, il importe que les maximes importantes soient d'abord introduites envers des questions faciles.

Par ces motifs, j'ai récemment appellé, sur la question de Gibraltar, l'attention spéciale d'un de mes meilleurs disciples, M. John Fisher, jeune médecin de Manchester, en l'invitant à communiquer cette ouverture aux vrais positivistes britanniques, pour concerter le mode d'introduction, qu'ils peuvent seuls déterminer. Je dois spécialement vous informer de cette mission collective, puisque vous figurez, dans le testament que j'ai dernièrement rédigé, comme l'un des trois membres déjà désignés parmi les sept du contingent britannique au Comité Positif que j'annonçai, dès 1842, pour diriger la réorganisation occidentale. Les deux autres sont M. Fisher, que je viens de mentionner, et M. Henry Edger, qui, d'attorney pendant plusieurs années à Londres, est devenu cultivateur à Long-Island (New-Yorck), où je le regarde, de cœur, d'esprit, et de caractère, comme l'éminent fondateur de notre église américaine : il est de votre âge, marié comme vous, et de plus père de trois enfants.

Tout à vous

Auguste COMTE

(10, rue *Monsieur-le-Prince*.)

P.S. Il ne faut pas que j'oublie l'adresse qu'éxigent les remercîments que vous projetez : à M. le baron W. de Constant-Rebecque, Capitaine de frégate en retraite, à La Haye *(Hollande)*.

VIII.

À M. R. CONGREVE,   à Wandsworth.

Paris, le Dimanche 13 Descartes 68.

Mon cher Monsieur Congreve,

voici le reçu correspondant au billet, déjà payé, dont votre bonne lettre d'avant-hier contenait la seconde

moitié. Je vois avec satisfaction ce témoignage décisif
d'une nouvelle adhésion, probablement due à votre zèle.
Le subside positiviste a toujours eu quelques souscripteurs
anonymes, dont plusieurs ont prouvé, par leur dévouement et leur persévérance, que cette exception n'a rien
de fâcheux quand elle est assez motivée.

Depuis un mois je suis entièrement quitte de mon
nouveau volume, sans excepter la dédicace et la préface.
J'ai fait immédiatement usage de cette pleine disponibilité
pour acquitter ma cordiale promesse d'une juste exception,
envers votre opuscule historique, à mon heureux régime
d'entière abstinence de lectures. Ne croyant pas avoir
l'occasion de vous écrire bientôt, j'ai chargé M. Fisher,
avec qui je suis en correspondance reglée, de vous témoigner, comme je vois qu'il l'a déjà fait, ma satisfaction
d'une telle communication. Recevez mes félicitations
spéciales pour avoir noblement proclamé, devant un auditoire britannique, le principe de la séparation des deux
puissances et l'opportunité du régime dictatorial. En
qualifiant incidemment de *socialisme impérial* le gouvernement actuel de la France, vous en avez heureusement
caractérisé le succès passager, essentiellement fondé sur
sa tendance empiriquement socialiste. L'ensemble de
votre travail historique indique une profonde appréciation de la vraie philosophie de l'histoire. Il me fait donc
espérer que vous oserez convenablement aborder l'*Histoire
positiviste de la révolution anglaise*, qui pourrait tant
séconder l'élaboration régénératrice, en France comme

en Angleterre, par une saine appréciation de l'intime connexité des deux destinées.

Je suis heureux d'apprendre que vous avez irrévocablement commencé " Gibraltar." L'opportunité de cet opuscule peut lui procurer un succès capable de caractériser l'initiative positiviste auprès des empiriques qui croient aujourd'hui gouverner l'Occident.

M. Fisher m'avait spécialement annoncé que vous étiez habituellement souffrant depuis notre dernière entrevue. Vous m'avez heureusement rassuré par l'annonce d'une amélioration déjà réelle et bientôt complète, qui vous rendra le plein usage de votre valeur cérébrale.

La bonne entrevue que vous venez d'avoir avec M. Hutton et vos récents rapports avec M. Fisher me semblent d'un excellent augure pour témoigner la disposition des vrais positivistes à constituer et développer l'union qui leur manque et d'où doit aujourd'hui dépendre leur influence. On peut déjà s'étonner que, d'après une doctrine aussi complète, ils prennent si peu d'ascendant dans un milieu sans consistance, qui ne leur résiste que par son inertie. Cela tient surtout à l'insuffisance de leur union et de leur dévouement, en vertu de leur anciennes habitudes révolutionnaires de défiance et d'insubordination, qui disposent chacun d'eux à s'isoler des autres et même du chef.

Par les deux symptômes spécialement indiqués dans votre lettre, on peut déjà regarder le milieu britannique comme inclinant vers le positivisme, surtout vû la tendance des ambitieux à s'en emparer. Mais vous avez bien raison de traiter comme essentiellement stériles, sauf à titre d'indices, les adhésions qui ne sont pas avouées. Depuis que le positivisme est pleinement institué, son avénement est peu secondé par des emprunts isolés et déguisés ; on ne doit désormais juger efficace que les actes décisifs de reconnaissance du pouvoir spirituel qu'il a directement inauguré : l'opuscule de M. de Constant fournit le type d'une telle assistance, chez ceux qui peuvent en remplir les conditions normales.

Toutefois, les ambitieux qui voudront politiquement exploiter le positivisme seront bientôt entraînés au delà de leurs intentions initales, par l'obligation de devenir religieux pour exercer une véritable action sociale. Jusqu'à ce qu'on tende ouvertement à remplacer Dieu par l'Humanité, l'anglicanisme résistera, comme le catholicisme, aux impulsions rénovatrices, parce qu'elles resteront anarchiques. La religion positive a seule concilié l'ordre et le progrès, qui ne peuvent aujourd'hui s'élaborer l'un sans l'autre. Si la régénération occidentale avorta sous Cromwell, c'est surtout d'après son insuffisance religieuse, due à sa précocité. Dans une situation où toutes les conditions humaines sont simultanément troublées, on ne peut rien guérir radicalement qu'avec une doctrine capable de tout embrasser.

Il faut se féliciter que les progressistes italiens sentent l'inanité des idées et des hommes révolutionnaires. Cela les conduira, j'espère, à purifier leur cause spéciale, en écartant l'unité chimérique et perturbatrice pour se concentrer vers une juste indépendance. Mais, en faisant un pas de plus, ils n'attendront ce résultat que de la réorganisation spirituelle, en renonçant aux efforts matériels, même officiels, qui ne feraient qu'agraver leur position. Rien n'est possible, en Italie, qu'en substituant la religion parisienne à la religion romaine : toute autre direction y sera stérile, quoique celle-là doive y rencontrer des obstacles spéciaux, surtout d'après les vieux préjugés latins sur la *ville éternelle*, irrévocablement devenue envers Paris une ville de province. Pour affranchir la Lombardie, il faut dignement invoquer le public germanique contre le joug autrichien, et le positivisme est seul capable d'un tel appel.

Tout à vous

Auguste COMTE .

(10, rue *Monsieur-le-Prince.*)

IX.

À M. Congreve,   à Wandsworth.

Paris, le Lundi 28 Bichat 68.

Mon cher Monsieur Congreve,

par suite de dérangements, je n'ai lu qu'hier votre *Gibraltar*, que j'avais pourtant reçu Mercredi dernier. Quoique je compte le relire, j'éprouve déjà le besoin de vous témoigner, spécialement et directement,

C

ma profonde satisfaction pour cet éminent opuscule, où domine une combinaison soutenue de noblesse et de sagesse. Sa première partie est vraiment admirable, tant moralement qu'intellectuellement : elle prouve, comme l'indiquait votre opuscule précédent, que vous vous êtes dignement approprié ma philosophie de l'histoire, principal caractère du positivisme social.

Appréciée subjectivement, la combinaison de ces deux publications doit profondément réagir sur l'ensemble de votre carrière. Elle caractérise, aux yeux de tous, votre attitude philosophique et politique. J'y vois aussi la préparation décisive de travaux plus importants, et surtout j'y confirme l'espoir de voir bientôt realisée mon invitation sur votre histoire positiviste de la vraie révolution anglaise.

Gibraltar me semble utilement comporter deux traductions, l'une française, l'autre espagnole, que je vais prochainement proposer à deux de mes meilleurs disciples, capables d'y joindre les préfaces convenables. Envers l'un d'eux, cette mission, s'il l'accepte, servira de préparation à l'appel que je l'inviterai de faire, en temps opportun, au public germanique en faveur de notre malheureuse Italie. À vous toujours reviendra l'honneur d'avoir spécialement inauguré la diplomatie positiviste, en fesant pacifiquement rendre l'imprenable Gibraltar.

Tout à vous

Auguste COMTE
(10, rue Monsieur-le-Prince.)

X.

<u>À M. R. Congreve,</u>   à Londres.

Paris, le Dimanche 4 Moïse 69.

Mon cher Monsieur Congreve,

voici le reçu correspondant au billet dont les deux moitiés me sont successivement parvenues le lendemain de leur envoi. Je vous remercie de vos bons souhaits pour la présente année de pure préparation méditative. Comptant dignement employer ma longévité, j'ose naïvement aspirer à celle de Hobbes, où même de Fontenelle.

Sur mon invitation, *Gibraltar* vient d'être convenablement signalé, comme événement social, dans le N° du 31 Décembre de l'*Eco Hispano-Americano*. Ce journal bimensuel, très repandu dans toute l'Amérique espagnole, est dirigé, sous la devise *Orden y Progreso*, par l'un de mes meilleurs disciples, M. Flórez, espagnol résidant à Paris. J'espère que cette annonce motivée est seulement l'indice d'une prochaine traduction de votre éminent opuscule, ou du moins, d'un examen détaillé.

Quoique M. Holyoacke ne me semble finalement pouvoir jamais être qu'un pur agitateur, son crédit, bien ou mal acquis, parmi les prolétaires anglais, peut vous servir à faire mieux pénétrer *Gibraltar* dans le milieu le plus propre à l'accueillir.

Je suis heureux d'apprendre que vous comptez bientôt

fraterniser avec M. Edger, que je regarde comme un homme vraiment éminent, à la fois de cœur, d'esprit, et même de caractère. Il est d'ailleurs à peu près de votre âge, marié comme vous, et de plus père de quatre enfants. En cas que M. Fisher ne vous ait pas encore envoyé son adresse, la voici : *M. Henry Edger, Modern Times, Thompson's Station, Long-Island, État de New-Yorck.*

Tout à vous

Auguste COMTE

(10, rue *Monsieur-le-Prince.*)

XI.

A M. R. Congreve,   à Wandsworth (London).

Paris (10, rue *Monsieur-le-Prince.*),

Le Jeudi 1er Archimède 69.

Mon cher Monsieur Congreve,

d'après votre précieuse lettre de Dimanche, que j'ai reçue avant-hier, celle dont vous m'y parlez a certainement subi la même mésaventure postale qu'une autre émanée, en Décembre dernier, du jeune professeur Ingram de Dublin. Je me sens bien heureux que vous soyez scrupuleusement revenu sur l'importante annonce qu'elle contenait envers votre pleine acceptation finale de la grande tâche que je vous proposai pour consacrer

un noble volume à la saine appréciation historique de la
vraie révolution anglaise, éternellement admirable quoique
immédiatement avortée par précocité. Cromwell et Milton, sociologiquement inséparables, constituent, avec
Alfred, les trois plus grands hommes de l'Angleterre. Il
vous appartient de faire dignement apprécier l'ensemble
de leur nature et de leur influence, honteusement mé-
connues jusqu'ici, surtout dans le milieu britannique,
malgré les récents efforts du pur littérateur Carlyle.
Votre volume ne sera pas moins précieux pour la France,
où j'aurai soin qu'il soit immédiatement traduit, afin
d'éclairer nos révolutionnaires sur leur meilleur antécé-
dent, resté totalement inconnu, même aux principaux
penseurs du dix-huitième siècle, sans excepter l'incomparable Diderot. Ne craignez pas d'y faire justement
ressortir combien les républicains anglais surpassèrent
les nôtres, où Danton peut seul offrir l'imparfaite minia-
ture de Cromwell, tandis que le type de Milton n'y
comporte aucune analogie. En établissant, à travers
quatre générations d'apparente discontinuité, l'intime
filiation des deux explosions rénovatrices, vous ranimerez
les nobles sympathies du prolétariat britannique envers
le début de la crise française, à laquelle l'aristocratie
anglicane fit une guerre acharnée, uniquement pour
empêcher l'essor décisif de cette énergique solidarité,
mieux sentie chez vous que parmi nous.

Je dois pleinement ratifier les sages prescriptions de
vos médecins, en regardant l'année de repos que vous

allez maintenant commencer comme n'étant nullement contraire à votre belle carrière philosophique et sociale. Outre la préparation directe que vous m'y désignez, j'y sens un préambule plus décisif quoique indirect, résulté du libre développement spécial de la vie affective. Puisque vous avez eu le rare bonheur de trouver une compagne vraiment digne de vous, et spontanément devenue déjà sympathique à votre foi, savourez sans diversion, pendant tout ce chômage apparent, cette incomparable satisfaction, que je pus seulement entrevoir, et dont l'essor n'est chez moi que subjectif, ce qui me dispose à participer à votre propre félicité. La religion positive érige votre noble épouse en sainte collaboratrice involontaire de toutes vos grandes entreprises philosophiques et sociales. Son tendre ascendant peut seul consolider et développer votre veritable unité, d'apres un doux essor habituel du sentiment, d'où dépend, non seulement le bon emploi, mais aussi l'alimentation, de l'intelligence et de l'activité. Quoique notre religion soit eminemment féminine, elle est jusqu'ici restée trop inconnue au sexe qui fournira son meilleur appui. Malgré que la sainte assistance doive finalement se développer surtout chez les espagnoles et les italiennes, je ne suis pas surpris qu'elle commence parmi les anglaises d'élite, mieux disposées à goûter les satisfactions positivistes, d'après les lacunes que le cœur trouve sous le régime aristocratique et protestant.

En appuyant sur mon récent volume votre noble résolution de refaire, dès la base, votre éducation théorique, vous utiliserez ce traité plus qu'aucun de ceux qui l'étudient, même avec une instruction mathématique, souvent devenue plus contraire à l'ensemble que favorable aux détails d'une telle appréciation. Suivant la réaction annoncée dans ma dernière circulaire, cette étude vous disposera, mieux que personne, à compléter votre émancipation en vous affranchissant de la science proprement dite autant que de la métaphysique et de la théologie, après avoir convenablement utilisé, chacun selon sa nature et sa destination, ces trois préambules, dont le plus moderne diffère du véritable état positif comme la synthèse subjective de l'analyse objective, le relatif de l'absolu, les lois des causes. Une telle préparation vous permettra, j'espère, de ne pas borner votre carrière positiviste à l'apostolat théorique, dont vous avez dignement pris possession déjà, tandis que vous pouvez désormais aspirer au sacerdoce complet, que je ne dois jamais conférer avant l'âge de quarante-deux ans, sans aucune limite supérieure.

Votre récente correspondance avec M. Edger ne tardera pas à vous devenir aussi salutaire qu'agréable, d'après la réaction spontanément propre au suffisant contact d'une nature vraiment grande, tant de cœur et de caractère que d'esprit, non moins poétique que philosophique. Malgré la présidence de situation fatalement échue au centre français, je dois aujourd'hui reconnaître que mes principaux auxiliaires sont jusqu'ici britanniques, et je me félicite que leurs relations mutuelles développent leurs valeurs respectives. Si M. Edger peut assez surmonter ses entraves matérielles, mon récent volume me fait maintenant espérer, comme envers vous, qu'il pourra finalement aboutir au sacerdoce proprement dit, sans rester au pur apostolat, ainsi que me le fit d'abord craindre l'insuffisance de son éducation théorique, qui serait encore réparable.

La prochaine visite de M. de Constant doit aussi vous fournir une utile diversion. Sans qu'il m'ait jamais spécifié ses intentions, je le connais assez pour assurer qu'il éprouve le besoin personnel de vous témoigner l'estime et le respect mérités par l'admirable opuscule que vous avez récemment publié. De votre côté, votre pénétration n'a pas manqué de sentir, à travers sa compilation désordonnée, les indices décisifs d'une éminente constitution cérébrale, qui, bien cultivée, pouvait certainement devenir profondément sacerdotale, d'après les aptitudes synthétiques et les dispositions sympathiques ainsi manifestées.

Envers M. Holyoake et sa coterie d'agitateurs, il ne faut plus les regarder que comme devant bientôt devenir les ennemis les plus acharnés, mais les moins redoutables, de la foi qui termine l'interrègne spirituel dont ils rêvent la perpétuité. C'est par une voie plus pure et plus puissante que le positivisme doit prochainement pénétrer jusqu'au prolétariat britannique. La défiance et la réserve que votre lettre a bien décrites chez vos travailleurs sont simultanément dues à deux influences continues, l'une spéciale, l'autre générale, et ne doivent aucunement décourager notre digne propagande, mieux compatible peut-être avec ces prudentes dispositions qu'avec la turbulence et la présomption françaises. D'abord vos prolétaires doivent justement suspecter les écrivains quelconques émanés de la bourgeoisie, parce que tous furent autant complices jusqu'ici que les plumes aristocratiques du système de compression hypocrite qui distingue le régime anglican. John Bull sent, en outre, mieux que ses chefs, tant officieux qu'officiels, que la vraie régénération universelle ne doit pas s'élaborer chez lui, mais à Paris, qu'il peut légitimement accuser de rester au dessous de sa mission actuelle. Telle est la double source essentielle de l'attitude obstinément passive, quoique nullement indifférente, du prolétariat britannique, depuis que la diversion aristocratique comprima ses sympathies françaises. Mais il sera certainement ramené vers le concours occidental, quand un ouvrier anglais l'aura dignement averti que Paris a maintenant trouvé la solution occidentale, qui sera mieux accueillie par John Bull que notre jacobinisme initial ou le vague socialisme actuel.

Or, cette initiative populaire va bientôt surgir de la partie transatlantique du milieu britannique. La meilleure et moins bruyante portion des *Yankees* actuels émane des républicains anglais qui fuyaient la réaction royaliste. Cette population exceptionnelle a toujours entretenu ses aspirations sociales, quoiqu'elle n'ait pu les manifester que dans la lutte pour l'indépendance, dont le succès lui fut surtout du. Quoiqu'ils semblent aujourd'hui

préoccupés du seul essor industriel, ils attendent la solution radicale spontanément promise par Cromwell et
Milton. De leur sein, surgira le réveil universel et
décisif du prolétariat britannique.

Un digne ami de M. Edger, son seul collègue et
prosélyte jusqu'ici, M. John Metcalf, ouvrier charpentier-
mécanicien à New-Yorck, et d'ailleurs anglais transplanté
comme votre nouveau correspondant, me paraît essentiellement capable d'accomplir ou du moins d'ébaucher, une
telle impulsion, par son opuscule projeté sous le titre :
Catholicisme, Protestantisme et Positivisme. Sa correspondance m'a bientôt rappellé le type des admirables soldats
de Cromwell, par l'intime combinaison caractéristique
entre le zèle religieux et l'enthousiasme politique. Il
compte visiter prolétairement, d'abord l'Angleterre, puis
la France, en Shakespeare prochain, si d'ici là notre
langue lui devient assez familière pour qu'il puisse libre-
ment causer avec moi, qui ne puis, hélas !, parler que
l'idiome maternel, suivant la déplorable coutume de
presque tous les français. Vous aurez donc occasion de
voir M. Metcalf, dont M. Edger ne tardera point à vous
entretenir, s'il ne l'a déjà fait. C'est par son entremise
que votre histoire positiviste de la République d'Angleterre
doit bientôt atteindre son meilleur auditoire ; car le
prolétariat britannique ne soupçonnera pas l'un de ses
frères, spontanément apte à lui faire dignement connaître
la solution universelle, irrévocablement émanée du centre
occidental. Alors votre belle carrière philosophique aura

suffisamment réalisé sa principale destination sociale : instituer l'intime union décisive des deux prolétariats dont la convergence est le plus indispensable pour terminer la révolution moderne, essentiellement caractérisée par les deux explosions anglaise et française.

Tout à vous

Auguste COMTE

XII.

À M. R. Congreve, à Wandsworth.

Paris (10, rue *Monsieur-le-Prince*),

Le Jeudi 22 Archimède 69.

Mon cher Monsieur Congreve,

suivant votre juste recommandation, je m'empresse de vous informer que je viens de recevoir les deux demi-billets, de cinq livres chacun, (80657 et 13188) inclus dans votre courte lettre d'hier. Je vous enverrai le reçu de la souscription correspondante en répondant à la prochaine lettre que vous m'annoncez pour l'envoi des secondes moitiés.

Tout à vous

Auguste COMTE

XIII.

<u>À M. R. Congreve,</u>   <u>à Wandsworth.</u>

Paris (10, rue *Monsieur-le-Prince.*),
Le Jeudi 1er César 69.

Mon cher Monsieur Congreve,

voici le reçu correspondant au double billet, déjà payé, dont les secondes moitiés me parvinrent hier dans votre excellente lettre de Lundi. Je présume que cette souscription émane de l'anonyme qui commença, l'an dernier, par un envoi moitié moindre. Si c'était un nouveau souscripteur, vous m'en auriez probablement informé.

Je suis de plus en plus satisfait de voir votre noble carrière désormais assurée de la plénitude d'essor propre à l'intime concours domestique. Votre office public et votre bonheur privé seront également secondés par les réactions continues d'une telle fusion, si précieuse en tout temps et si rare aujourd'hui. Votre digne compagne vous en deviendra plus chère et votre travail plus facile. La diversité des croyances n'empêche pas la femme qui remplit la principale condition de son sexe, c'est à dire la tendresse, d'être toujours regardée, par un vrai positiviste, comme la personnification spontanée de l'Humanité. Mais ce culte devient plus complet et plus efficace quand une sincère conformité de convictions seconde le développement habituel de la sympathie fondamentale.

L'affectueuse destination que vous avez heureusement

annexée à votre propre régénération théorique, achève de me rassurer sur le succès de cette importante et difficile entreprise, qui peut seule vous mettre en pleine valeur. Puisque l'éducation encyclopédique doit normalement devenir commune aux deux sexes pour l'universalité des âmes humaines, je ne suis pas surpris qu'une femme d'élite ose aujourd'hui tenter de devancer, à cet égard, l'état final, et je ne doute point que ce noble exemple ne réussisse si l'effort est assez persévérant. Toutes les dignes mères devant maintenant aspirer à produire des fils vraiment capables de terminer la révolution occidentale, elles doivent spécialement sentir le besoin de remplir les conditions théoriques de la sainte mission exceptionnelle que le Grand-Être leur assigne envers la prochaine génération. D'ailleurs, la vraie dignité féminine doit toujours être directement indépendante de l'office maternel, dont beaucoup de femmes sont naturellement privées sans perdre leur principale destination sociale, plus relative à l'époux qu'au fils. Notre temps fournit même aux femmes dignement exceptionnelles une mission plus intime et plus personnelle, quoique anomale, en leur réservant l'apostolat le plus décisif pour l'installation de la seule religion où le sexe aimant soit convenablement apprécié.

Si, comme je l'espère, votre précieuse année de chômage vous inspire quelque excursion à Paris, j'aurais beaucoup de satisfaction en causant avec vous de votre important volume sur la révolution anglaise. Plus je la compare à la nôtre, mieux j'en sens la supériorité radicale. Ni le temps, ni le lieu, ni, par suite, la doctrine dirigeante et la force employée, ne pouvaient réellement convenir à la solution occidentale. Mais, malgré son avortement apparent, ou du moins immédiat, l'explosion républicaine de l'Angleterre a mieux posé que celle de la France l'ensemble du problème moderne. L'une ayant été religieuse, tandis que l'autre fut irreligieuse, la première a seule senti que la révolution occidentale ne pouvait être vraiment terminée que par une nouvelle religion, dont le véritable caractère était alors inappréciable. Depuis que cette solution est irrévocablement trouvée, la révolution française, s'élevant du négatif au positif, tend à devenir aussi digne et plus efficace que l'ébauche anglaise. Toutefois, la précocité même de celle-ci lui permit de susciter des types qui resteront toujours incomparables.

Espérant vivre assez pour inaugurer le Panthéon parisien que j'ai déjà réclamé comme appartenant au positivisme, je compte finalement obtenir la profonde satisfaction d'accomplir, en vrai Grand-Prêtre de l'Humanité, devant un digne auditoire occidental, la solennelle apothéose de Cromwell, de Milton, et de leurs énergiques coopérateurs. Alors, à titre de français, je ferai mieux apprécier la supériorité morale et politique de ces régénérateurs sur les nôtres, dont l'enthousiasme, et même les convictions, subirent les atteintes propres à leur scepticisme caractéristique, quand les circonstances eurent assez changé pour altérer l'impulsion initiale. Tandis que les guerriers de Cromwell allèrent peupler l'Amérique afin de ne pas fléchir sous la royauté, les soldats de Danton furent bientôt livrés à l'incomparable orgie militaire où réside la principale souillure de la crise française : le même contraste surgit, sous d'autres formes, entre les types civils.

Dans la prochaine refonte de votre éducation théorique, vous saurez spontanément subir· la réaction signalée, par ma dernière circulaire, envers l'ensemble de mon récent volume. Le prestige scientifique entrave aujourd'hui la plupart des esprits les mieux affranchis du joug théologique et même métaphysique. Cette émancipation finale est pourtant devenue autant indispensable que les deux précédentes à l'installation de la religion positive, dont les principaux adversaires, surtout en France, vont de plus en plus s'appuyer sur la science proprement dite. Sans une digne préparation théorique, qui peut seule surmonter cétte dernière entrave, le nouveau sacerdoce ne pourrait assez instituer l'admirable sentence de Pope *(The proper study of Mankind is Man.)*, qui formera l'épigraphe spéciale de mon prochain tome, comme elle inaugura le livre de Cabanis. Mais, après avoir pleinement réalisé le vœu de Bacon sur la construction de la *scala intellectui*, nous ferons irrévocablement reconnaître qu'une échelle ne put jamais constituer un domicile, et que la raison humaine peut seulement s'établir au suprême terrain graduellement atteint par l'ascension objective. Une vraie positivité ne peut finalement résulter que d'une intime combinaison entre la réalité des spéculations et leur utilité, qui n'est pleinement jugeable que d'après une synthèse complète, nécessairement subjective. Quiconque a bien compris la loi des trois états doit toujours regarder sa principale application comme naturellement relative à la religion, qui, devenue enfin positive, dissipe la preponderance provisoirement accordée à ses divers préambules scientifiques.

Relativement à votre question sur la Chine, je ne saurais aucunement partager vos inquiétudes envers le prétendu concours du gouvernement français à l'immorale politique des brouillons britanniques. Ses récentes ou prochaines gracieusetés à l'égard de la Russie doivent directement rassurer là dessus, et faire même penser que notre dictateur saura bénévolement détourner votre cabinet d'un infâme renouvellement de l'ignoble guerre de l'opium en 1841. En cas d'aggravation, la Russie ne manquerait pas de solliciter, et probablement avec succès, contre la puissance britannique, une coalition occidentale moralement analogue à celle que suscita l'incident russe. Au pis aller, cette réaction se développerait plus que la précédente, en menaçant l'Inde anglaise d'après une invasion concertée entre la Russie et la Chine par le Tibet. Mais la seule perspective de telles éventualités va probablement prévenir leur réalisation, sans que la nouvelle autorité spirituelle ait spécialement besoin de soulever l'indignation occidentale contre une aristocratie perturbatrice.

Parmi les prochaines visites positivistes, vous pouvez maintenant attendre celle de M. de Constant, qui part, aujourd'hui même je crois, directement pour Londres. Je dois spécialement annoncer celle d'un éminent positiviste écossais (M. Alexander Ellis), qui doit, le 10 Mai, quitter Edinburgh. En répondant à sa récente lettre, admirablement écrite en français, j'ai directement invité ce précieux disciple à profiter de son prochain séjour à Londres pour un contact personnel avec vous. Vous aurez aussi celui de M. Metcalf, qui, probablement même, visitera l'Angleterre, avant de venir à Paris. Quoique je ne le connaisse que par quelques lettres, ce noble prolétaire m'a bientôt fait involontairement penser aux soldats de Cromwell, d'après sa combinaison spontanée entre le zèle religieux et l'enthousiasme politique, comme je vous l'ai peut-être dit déjà.

Tout à vous

AUGUSTE COMTE

XIV.

À M. R. CONGREVE.   à Wandsworth.

Paris (10, rue Monsieur-le-Prince.),

Le Jeudi 15 Charlemagne 69.

Mon cher disciple,

    Dans votre cordiale lettre d'avant-hier, je reçus hier les premières moitiés des deux billets 66479 et 31466, de cinq livres sterling chacun, sur la banque

D

d'Angleterre. J'aurai grand plaisir à formuler, pour le reçu de l'un, le précieux concours dont le seul exemple m'était jusqu'ici fourni par un admirable couple français, qui, dès 1854, ébauchait ici le salon positiviste comme vous l'avez dignement fait à Londres, mais fut alors forcé d'aller, à quinze lieues de Paris, occuper un poste médical, où son exil motivé doit encore durer sept à huit ans.

Quelques semaines après ma dernière lettre, je subis une crise personnelle, d'abord morale, puis physique, à la mort imprévue de mon plus ancien adhérent, le Sénateur Vieillard, ancien précepteur de notre dictateur actuel. C'était le seul homme qui, depuis mon opuscule fondamental de 1822, avait scrupuleusement suivi l'ensemble de ma carrière. Aussi droit de cœur que d'esprit, l'insuffisance de son caractère put seule l'empêcher d'accomplir tout le bien qu'il souhaitait, et que sa haute position finale lui permettait de réaliser : malgré cette irréparable lacune, nous perdons en lui notre unique patron officiel, que les positivistes pourront spécialement regretter plus d'une fois ; quoique, par une anomalie que je ne me charge pas d'expliquer, il n'ait jamais souscrit au subside occidental.

Promptement dissipée sous le rapport physique, cette crise m'a longtemps laissé mieux accessible à des émotions que, dans tout autre cas, j'aurais aisément surmontées. Je me suis ainsi trouvé récemment pris d'une naissante inflammation du bas-ventre, d'après l'indigne conduite d'un faux disciple à l'occasion de sa publication, à la fin de Mai, de la déplorable compilation qui constitue sa pretendue *Exposition, abrégée et populaire, de la philosophie et de la religion positives.* Ayant moi-même traité cette perturbation physique sans aucune intervention médicale, elle sera prochainement dissipée, surtout d'après une diète sévère, quoique sa gravité soit allée, le Mercredi 17 Juin, jusqu'à me forcer, pour la première fois depuis onze ans, de manquer ma précieuse visite hebdomadaire à la sainte tombe de mon angélique inspiratrice.

Le lourd et prétentieux volume du sieur Blignières devant peut-être retentir jusqu'à vous, je dois vous annoncer qu'il sera, non seulement désavoué, mais flétri, dans ma prochaine Circulaire annuelle, afin de mieux arrêter un imminent déluge de prétendues expositions *générales* du positivisme. Vous savez combien sont faciles de pareils thèmes, et vous n'ignorez pas qu'ils peuvent s'écrire sans aucune conviction réelle : une observation journalière de dix-neuf ans m'a trop prouvé que notre école polytechnique développe, autant que les colléges littéraires, la triste faculté d'*exposer* ce qu'on ne comprend point. C'est tout autre chose quand il faut appliquer, ce qui non seulement exige un talent propre à procurer à la doctrine universelle de nouveaux perfectionnements secondaires, mais aussi suppose et constate qu'on est vraiment convaincu. De telles applications spéciales, dont l'essor est maintenant inépuisable, doivent seules être encouragées aujourd'hui : l'ensemble du positivisme ne comporte et n'attend que l'incomparable assistance des compositions vraiment esthétiques : notre propagande est assez systématisée par mes deux opuscules didactiques, l'un religieux, l'autre politique, qui, réunis, sont d'un tiers moins étendus que la pernicieuse compilation B. Quant aux publications analogues à celle de M. de Constant, elles n'ont de vraie valeur qu'à titre de dignes *Actes de foi publics*, noblement émanés d'hommes déjà possesseurs d'un véritable poids social : un second exemple en sera bientôt fourni par l'opuscule qu'élabore, à Rome, un de mes meilleurs disciples théoriques, qui m'a promis de n'y point excéder l'extension de mon *Appel aux conservateurs.*

Afin que vous puissiez d'avance apprécier une compilation, qui, d'après un vain étalage scientifique, a momentanément séduit M. Hutton, sachez que, exécutée en dix-huit mois, elle fut constamment élaborée dans un état continu de profonde exaspération personnelle contre le fondateur de la doctrine qu'on y prétend exposer. Une lettre récemment écrite a poussé l'outrage jusqu'à cette accusation, qui sera textuellement publiée, comme unique punition du méprisable écrivain, dans ma circulaire de Janvier prochain : " Vous préféreriez que le positivisme " restât, pendant toute votre vie, obscur et ignoré, plûtot " que de percer sous une autre plume que la vôtre." Il est dès lors facile de sentir ce que peut être une *exposition* ainsi dominée par des sentiments qui constituent une monstruosité sans exemple : aussi tout ce qu'elle ne m'a pas impudemment pillé n'en forme guère que le tiers, et ne présente que de vulgaires tartines, où la sécheresse ressort davantage que la médiocrité. Pas un mot d'hommage à ma noble collègue subjective, pas la moindre indication sur l'aptitude et l'avenir poétiques du positivisme, dont la combinaison finale avec le fétichisme n'est pas même mentionnée, pas une seule appréciation de la domesticité, mais surtout pas la plus minime sympathie envers les souffrances radicales des prolétaires des deux sexes ! Vous savez que la principale influence d'un livre est souvent indépendante de son contenu, quand elle propage, par contagion cérébrale, les dispositions fortement prononcées de son auteur : celui ci possède ce privilége au plus funeste mode et degré ; le sot et sec écrivain amoindrit l'esprit et dégrade le cœur du lecteur : j'ai moi-même senti cette tendance spontanée pendant les quinze mortelles heures que j'ai consciencieusement sacrifiées, en quatre jours, à ces six-cents ignobles pages.

Vous comprendrez pourquoi je fis alors subir à mon régime cérébral une exception que n'aurait point obtenue un écrivain plus estimable, quand vous saurez que ce livre est adopté par l'incohérente coterie de faux positivistes graduellement formée, depuis quelques années, sous la présidence nominale du rhéteur usé que le positivisme a passagèrement décoré d'une auréole de penseur, mais sous la direction réelle de l'indigne femme à laquelle j'eus, dans ma jeunesse, le malheur de donner mon nom. Je saurai bientôt forcer ces prétendus auxiliaires à devenir mes adversaires reconnus, à mesure qu'ils vont dérouler leur secret programme, étourdiment divulgué, dès 1854,

par un complice bavard : *Il faut désormais développer*
(c'est-à dire *exploiter*) *le positivisme en dehors de* (c'est-à
dire *contre*) *son fondateur.* Le livre B. systématise ce
complot en représentant le nouveau pouvoir spirituel
comme étant encore à fonder, tandis qu'il existe depuis
que ma construction religieuse est irrévocablement accomplie : on ose même insinuer que ce pouvoir doit
finalement résider dans un comité, sans se condenser chez
un pontife. Ces roués sont ici l'équivalent de vos soi-
disant positivistes *intellectuels*, Mill, Lewes, &c ; sauf que
les nôtres, poussés par un milieu toujours préoccupé de
la destination sociale, sont, sous peine de discrédit, forcés
de paraître adopter la religion de l'Humanité, tandis que
les vôtres se bornent à la *Philosophie positive* et réjettent
ouvertement la *Politique positive.* À la vérité les *roués*
qui, dans leur beau temps, au dix-septième siècle, suivant
l'admirable idéal résulté du *Don Juan* de Molière, étaient
éminemment spirituels et courageux, même à l'époque où
le Régent leur donnait leur nom final, sont aujourd'hui
devenus lâches et stupides ; ce qui doit de plus en plus rassurer les femmes et les honnêtes gens : la prépondérance
normale du cœur n'est maintenant contestée que par des
hommes sans esprit et sans caractère. Néanmoins, l'état-
major révolutionnaire, qui veut indéfiniment perpétuer
l'interrègne religieux, pour éviter la discipline qu'exige
l'existence occidentale, personnelle, domestique, et civique,
a maintenant senti que ses appuis métaphysiques sont
irrévocablement pourris, et qu'il doit ici prendre la couleur

positiviste, seule susceptible d'avenir. Également incapables de conduire et d'être conduits, ces brouillons ne
peuvent plus prolonger l'anarchie spirituelle qu'en entra-
vant l'avénement du pontificat qui résulte de la construction de la religion positive plus étroitement que celle-ci
n'émana de la fondation de la philosophie positive, suivant
mon programme initial, formulé surtout par mon opuscule
de 1826 ; mais ces intrigues viennent trop tard, j'ai déjà
pris ma possession normale sans aucune réclamation ; ces
vaines *protestations* n'aboutissent qu'a me faire publique-
ment accomplir un nouveau pas décisif, en signant, dès
Janvier prochain, toutes mes circulaires annuelles, *Le
Fondateur de la Religion universelle, Grand-Prêtre de
l'Humanité ;* ce que la dictature française laissera probablement circuler comme la République Occidentale sous
le timbre impérial.

Maintenant installés au vrai point de vue social, sans
trop s'arrêter aux dissidences intellectuelles, les dignes
théoriciens doivent systématiquement consacrer la sagesse
spontanée des meilleurs praticiens de tous les temps, en
reconnaissant que, aujourd'hui comme toujours, et même
plus que jamais, il n'existe, au fond, que deux partis
réels ; celui de l'ordre et celui du désordre ; les conservateurs et les révolutionnaires ; ceux qui veulent
sincèrement terminer l'anarchie occidentale, et ceux dont,
sous prétexte du progrès, la secrète tendance aspire à
perpétuer l'état de non-gouvernement, surtout spirituel.
Notre principale mission actuelle consiste à former et

diriger, en Occident, le véritable parti de l'ordre, qui n'a jusqu'ici ni tête ni queue, puisqu'il est simultanément attaqué par les lettrés et les prolétaires : les agitateurs des différentes nations occidentales se concertent mieux que les pacificateurs, ceux-ci restant partout dépourvus de principes et de guides, que le positivisme peut seul leur fournir. Dans cette noble attitude finale, je me sens mieux sympathiser avec M. Bonaparte, ou même Monsieur Henry V, ou tout autre de ceux qui maintiennent ou maintiendront l'ordre matériel au milieu du désordre spirituel, qu'avec mes pretendus auxiliaires Mill, Littré, Lewes, &c, quelle que soit la dose de théorèmes positivistes que ceux-ci puissent sincèrement admettre, tandis que ceux-là les ignorent : dès ma jeunesse j'ai toujours préféré le Gouvernement à l'*Opposition*.

En vous souhaitant, mon cher disciple,

Vénération et Dévouement,

j'offre, à votre digne épouse,

Respect et Sympathie.

Auguste COMTE

P.S. Si vous revoyez avant moi M. de Constant, je vous prie de le détromper sur le sieur B., dont je le crois un peu coiffé d'après le contact personnel que j'eus le malheur de seconder l'an dernier, avant d'être pleinement désillusionné sur ce misérable, radicalement indigne de fraterniser avec le noble foyer hollandais. Pour compléter l'information, il suffit d'ajouter que ce drôle a systématiquement reduit à vingt-cinq francs sa côtisation habituelle de cent francs, parce que, si le taux de 1856 persistait, il en résulterait un *véritable pouvoir temporel;* tandis que jadis il me poussait à mieux insister sur le besoin d'étendre, autant que possible, le subside positiviste, afin qu'il pût enfin réaliser sa destination sociale envers les jeunes théoriciens aptes au sacerdoce régénérateur, où cet homme espérait alors figurer. Vous concevez que sa côtisation lui fut immédiatement renvoyée, avec la résolution de refuser désormais sa participation quelconque : j'espère aussi me débarrasser, cette année, des vingt-cinq francs annuels de M. Littré, qui, depuis l'irrévocable rupture de 1852, me sont de plus en plus pénibles, comme ne servant qu'à seconder l'attitude équivoque de ce déloyal ennemi, que je saurai suffisamment dévoiler.

Un de mes plus éminents disciples théoriques, également distingué de cœur, d'esprit, et de caractère, le jeune médecin chef du charmant ménage ci-dessus indiqué, m'a récemment soumis son projet d'écrire un précieux volume sur l'*Histoire positiviste de la révolution française,* déjà projetée, sans résultat quelconque, en 1851, par un disciple trop inférieur à cette tâche, surtout moralement. Je l'ai directement informé de votre projet historique, en lui fesant bientôt reconnaître le besoin de se concerter avec vous, même avant l'accomplissement d'aucune de ces compilations naturellement connexes. Son active préoccupation de la santé des autres le laissant aussi peu disponible que les soins exigés par la vôtre, vous aurez tous deux le temps de fraterniser, de vous apprécier, et de faire dignement concourir vos travaux respectifs vers leur noble destination occidentale : surtout d'après le faible espoir que vous me laissez encore d'un prochain voyage à Paris, où vous pourriez, avec votre éminente compagne, connaître l'admirable couple qui convertit la Ferté-sous-Jouarre en un précieux foyer positiviste.

XV.

À M. R. Congreve,   à Wandsworth.

Paris (10, rue *Monsieur-le-Prince.*),

Le Jeudi 22 Charlemagne 69.

Mon cher disciple,

voici les quatre reçus correspondants aux trois billets qui me furent hier transmis ou complétés par votre lettre d'avant-hier. Je suis de plus en plus touché de votre zèle actif et permanent, èt satisfait des précieuses acquisitions, latentes ou patentes, mais également irrécusables, qu'il m'a récemment procurées. Toutes proviennent d'Oxford ; tandis que Cambridge ne m'a jamais produit qu'une visite insignifiante. Ce contraste inattendu peut nous faciliter la rectification des préjugés actuels sur le mérite respectif des études littéraires et scientifiques. À la manière dont celles-ci sont aujourd'hui dirigées, elles méritent autant que celles-là le reproche de développer la funeste habileté d'exposer ce qu'on ne comprend pas : dix-neuf ans d'officielle exploration journalière me l'ont trop prouvé dans la fameuse École Polytechnique. Sous tout autre aspect, les études littéraires sont réellement supérieures, en excitant davantage, quoique vaguement, l'esprit d'ensemble, pendant que l'instruction mathématique cultive et consacre l'esprit de détail, principal fléau du siècle actuel. Le positivisme termine cette longue controverse en plaçant, dans l'état normal, la poésie au dessus de la philosophie, comme étant plus près de la religion ; c'est à dire plus synthétique et plus sympathique.

Quoique je ne puisse encore me déclarer tout-à-fait guéri, je suis maintenant en voie de pleine guérison, malgré le besoin de prolonger un peu la sévère diète qui m'a principalement servi ; de manière à faire autant durer la maigreur, la faiblesse, et la pâleur, mais sans aucun reste de fiévre, sauf l'inappétence. Hier fut, j'espère, le dernier Mercredi que je demeurai forcé de faire en voiture la longue course hebdomadaire qui, depuis onze ans, s'était toujours accomplie à pied. Mais le meilleur symptôme, comme le principal résultat, consiste en ce que la grande préparation méditative à laquelle je voue toute la présente année a déjà repris son activité normale, notablement altérée pendant trois semaines, sans toutefois être jamais suspendue.

Les judicieuses remarques de M. . . . . . sur l'inutilité des prétendues expositions *générales* du positivisme et les embarras qu'elles peuvent susciter, acquièrent un nouveau poids en considérant l'extrême difficulté de les accomplir dignement. S'il n'en fallait juger que par l'expérience des synthèses antérieures, on serait même tenté de déclarer ces résumés radicalement impossibles : car l'*Exposition de la doctrine catholique* constitue un très-faible opuscule du grand Bossuet, qui n'y fait aucunement sentir le génie social du catholicisme. On n'a pas mieux sur l'islamisme ou le judaisme ; en sorte que les trois synthèses monothéistes ne peuvent encore être dignement comprises qu'en relisant les lettres de Saint-Paul, le Coran, et la Bible : mais cela ne tient qu'à leur nature incomplète, incohérente et spontanée. En vertu de sa plénitude, de son indivisibilité, de sa systématisation, le positivisme doit finalement comporter des sommaires satisfaisants, quand son ensemble sera mieux saisissable, chez les fils de mes vrais disciples actuels : j'en verrai peut-être d'heureux essais, si je vis autant que Fontenelle, ou même que Hobbes. Jusque là, la propagande générale doit uniquement s'alimenter d'après le commentaire *oral*, public ou privé, des résumés que j'ai moi-même construits à divers degrés ; personne ne pouvant aujourd'hui se trouver assez imbibé de l'*ensemble* du positivisme pour en *écrire* convenablement. Cet ensemble doit surtout pénétrer dans les âmes occidentales par le développement de l'essor poétique qu'il tend à susciter chez les grandes natures convenablement préparées. Telle sera, j'espère, la glorieuse carrière, encore susceptible d'avortement, d'un de mes meilleurs disciples français, qui, maintenant à Rome, sait dignement préparer, de cœur et d'esprit, la haute mission poétique que je lui crois réservée.

D'après la triste expérience récemment accomplie, le public d'élite doit désormais se tenir en garde contre l'hypocrisie positiviste, dont l'essor va bientôt devenir imminent. Les niais restent seuls dupes de l'hypocrisie théologique (ou *cant*), et même, du moins en France, de l'hypocrisie métaphysique, les docteurs en nivellement ayant été trop éprouvés pour retrouver des succès sérieux. Il en est autrement de l'hypocrisie positiviste, fondée sur le nouveau jargon sentimental et religieux que la synthèse universelle aura bientôt accrédité; vous voyez avec quelle déplorable facilité les plus vulgaires roués peuvent déjà le parler sans être immédiatement démasqués.

Je suis profondément touché de la noble déclaration collective que vous me transmettez comme chef spontané des positivistes britanniques, dont j'espère que vous garderez longtemps la présidence involontaire. Mon pontificat devait tellement succéder au suffisant accomplissement de ma construction religieuse qu'une mort immédiate aurait seule pu m'en priver. Néanmoins, c'est un grand mérite, de cœur plus que d'esprit, d'avoir dignement reconnu cet enchaînement nécessaire, qui sera longtems contesté, quoiqu'en vain, par les brouillons finalement forcés de plier sous Auguste faute d'avoir su se soumettre à César.

Votre noble épouse ne doit pas douter que je ne sois profondément sensible à ses vœux pour ma santé. Ces précieux témoignages me font mieux sentir combien je dois soigneusement ménager une existence aussi chère aux âmes d'élite des deux sexes. La régularité de mon régime, et surtout mon extrême sobriété, ne me laissent gravement accessible qu'aux perturbations morales : c'est un devoir pour moi de les éviter ou surmonter autant que possible, en m'efforçant d'être moins atteint désormais par les sources d'irritation analogues à celle qui vient de surgir, et dont la reproduction deviendra naturellement plus fréquente à mesure que mon autorité spirituelle sera socialement installée en Occident.

Comptez, mon excellent disciple, sur l'affectueuse estime de

votre père spirituel

Auguste COMTE

XVI.

À M. R. Congreve,   à Wandsworth.

Paris (10, rue *Monsieur-le-Prince.*),

Le Mercredi 28 Dante 69.

Mon éminent disciple,

les touchantes inquiétudes qu'indique votre lettre d'avant-hier, arrivée hier, me décident à vous faire, malgré ma grande faiblesse physique, une courte réponse immédiate, ultérieurement développable.

Sans être encore rétabli, je suis en vraie convalescence de la plus grave maladie que j'aie jamais subie depuis trente ans, et que je me félicite d'avoir seul traitée. L'unique médecin qui, malgré sa jeunesse, m'inspire une véritable confiance, est mon éminent disciple de la Ferté-sous-Jouarre, M. Robinet, dont je vous ai déjà parlé. Néanmoins, j'ai successivement rejetté, d'après une courte épreuve, toutes les parties de l'unique consultation que j'avais finalement invoquée de son filial dévouement : en sorte que je suis seul responsable. J'ai par là fourni, dans un cas decisif, le type anticipé des moeurs normales, où tout malade suffisamment éclairé, devient, quand sa raison reste pleinement intacte, le meilleur directeur de son propre traitement, en ne demandant aux docteurs que des renseignements *spéciaux* sur les symptômes et les moyens : vû l'irrationnalité radicale de l'art médical, dont les conceptions restent toujours collectives, tandis que les applications deviennent toujours individuelles ; ce qui rend l'harmonie mutuelle essentiellement fortuite, comme l'indiquent les dissidences habituelles des divers médecins envers les moindres cas.

Ma crise décisive consista, le Dimanche 26 Juillet, en un copieux vomissement spontané de pur sang ; sans effort ni douleur, j'en perdis, en cinq minutes, plus d'un demi-litre. Cette évacuation exceptionnelle, dont tout le monde s'effrayait excepté moi, commença, dès le lendemain, la convalescence. Néanmoins, cette rude solution naturelle, combinée avec la sévère diète sur laquelle j'avais surtout fondé mon traitement, produisit une extrême faiblesse physique, qui maintenant constitue mon seul trouble essentiel. Il diminue journellement depuis que je mange un peu de viande, principalement du boeuf. Je compte, dès Lundi prochain, cesser de me recoucher dans la journée, ne m' étant .alité que pendant la convalescence, vû l'epuisement.

Due à l'ignoble conduite d'un faux disciple, ma maladie me procure une precieuse compensation, en manifestant les sentiments de dévouement et de vénération restés jusqu'ici latents chez les meilleurs positivistes, auxquels il ne manque ainsi que plus de fraternité mutuelle. Ce progrès decisif me permet d'assurer que, si notre dictature actuelle peut encore durer dix ans, elle installera mes triumvirs.

Agréez la cordiale gratitude que m'inspirent votre noble sollicitude et celle de l'éminent foyer que vous avez dignement fondé.

Auguste COMTE

Lately Published.

Trente Lettres d'Auguste Comte à des Positivistes anglais.

Kenny & Co., Printers, 25, Camden Road, London, N.W.